BEI GRIN MACHT SICH IHR WISSEN BEZAHLT

- Wir veröffentlichen Ihre Hausarbeit,
  Bachelor- und Masterarbeit

- Ihr eigenes eBook und Buch -
  weltweit in allen wichtigen Shops

- Verdienen Sie an jedem Verkauf

Jetzt bei www.GRIN.com hochladen und kostenlos publizieren

Esther Kaiser

Interreligiöses Lernen im Religionsunterricht

GRIN Verlag

Bibliografische Information der Deutschen Nationalbibliothek:

Die Deutsche Bibliothek verzeichnet diese Publikation in der Deutschen National-
bibliografie; detaillierte bibliografische Daten sind im Internet über http://dnb.d-
nb.de/ abrufbar.

Impressum:

Copyright © 2011 GRIN Verlag, Open Publishing GmbH
Druck und Bindung: Books on Demand GmbH, Norderstedt Germany
ISBN: 978-3-640-93349-5

Dieses Buch bei GRIN:

http://www.grin.com/de/e-book/173208/interreligioeses-lernen-im-religionsunterricht

GRIN - Your knowledge has value

Der GRIN Verlag publiziert seit 1998 wissenschaftliche Arbeiten von Studenten, Hochschullehrern und anderen Akademikern als eBook und gedrucktes Buch. Die Verlagswebsite www.grin.com ist die ideale Plattform zur Veröffentlichung von Hausarbeiten, Abschlussarbeiten, wissenschaftlichen Aufsätzen, Dissertationen und Fachbüchern.

Besuchen Sie uns im Internet:

http://www.grin.com/

http://www.facebook.com/grincom

http://www.twitter.com/grin_com

Universität Osnabrück

SS 2011

Fachbereich 3: Erziehungs – und Kulturwissenschaften

Seminar: Holocaust als Thema im Religionsunterricht in der Grundschule

Art der Arbeit: Referatsausarbeitung

Osnabrück, den 04.04.2011

Interreligiöses Lernen im Religionsunterricht

Inhaltsverzeichnis

1. Einleitung - Interreligiöses Lernen in der Gegenwart

Heute leben wir in einem Land, in dem Menschen mit unterschiedlichen Religionen ein zu Hause gefunden haben. Nicht nur die Multikulturalität hat in Deutschland zugenommen, sondern die Gesellschaft ist auch multireligiöser geworden. Durch die Mischung ehemals konfessionell homogener Milieus und durch die Zuwanderung von Migranten mit nichtchristlichem Hintergrund, besonders seit den 1960er Jahren, haben Religion in Deutschland plural werden lassen.[1] Auch wenn das Christentum in Deutschland immer noch die bestimmende Religion ist, gibt es neben der relativ großen Gruppe der Muslime auch Juden, Buddhisten und Anhänger anderer vielfältiger Religionsgemeinschaften.[2] Die Frage nach dem interreligiösen Lernen stellt sich aufgrund der Tatsache, dass unterschiedliche Religionen in Deutschland nebeneinander existieren und die dadurch entstehende Notwendigkeit, dass sich die Angehörigen der unterschiedlichen Religionsgemeinschaften arrangieren.

In dieser Ausarbeitung zum Thema „Interreligiöses Lernen im Religionsunterricht" wird auf das Hauptaugenmerk auf das interreligiöse Lernen mit seinen Kriterien, Aufgaben und Zielen sowie Chancen und Grenzen gelegt. Zudem folgen Kapitel zu methodischen Überlegungen als auch ein detaillierter Einblick in die Feste der Religionen und wie diese im Religionsunterricht aufgegriffen werden könnten.

2. Interreligiöses Lernen

Frauen tragen Kopftücher, in Städten entstehen Moscheen und Juden wünschen einander bereits im Herbst ein frohes Neues Jahr. Den Schülerinnen und Schülern begegnet die veränderte Situation unserer Gesellschaft in der Schule jeden Tag aufs Neue. Der Umgang miteinander verläuft oft gut, oft gibt es aber auch Auseinandersetzungen. Aufgrund der entstandenen Pluralität in der Gesellschaft ist Lernen über andere Religionen ein großes religionspädagogisches Diskussionsfeld geworden.

---

[1] Vgl. BAMF http://www.bamf.de/SharedDocs/Anlagen/DE/Downloads/Infothek/Statistik/statistik-anlage-teil-2-auslaendezahlen.pdf?__blob=publicationFile [Abruf: 23.03.2011]
[2] Vgl. REMID e.V. http://www.remid.de/remid_info_zahlen.htm [Abruf: 23.03.2011]

Die Erde als lebenswerten Ort für alle Menschen zu gestalten, in dieser Aufgabe stehen die unterschiedlichen Religionsgemeinschaften in Übereinstimmung.[3] Heute ist das Bewusstsein dafür gewachsen, dass die Religionen Verständigung und Frieden antreiben sollten. Zur Erfüllung dieser Aufgabe kann interreligiöses Lernen einen Beitrag leisten, indem es den Dialog unter den Religionen fördert und gleichzeitig Hilfen zur Orientierung anbietet. Die Anerkennung des Anderen in seiner Andersartigkeit, das Lernen nicht nur über, sondern von und mit fremden Religionen und Achtung und Respekt vor anderen religiösen Überzeugungen, sind Aufgaben und Ziele interreligiösen Lernens. Vor diesem Hintergrund stellt sich für den Religionsunterricht die Aufgabe Kinder bzw. Jugendliche zu Verständnis und Toleranz zu führen und gemeinsames Handeln mit Menschen anderen Glaubens anzubahnen.[4] Denn interreligiöses Lernen heißt: „Angehörige einer religiösen Tradition sind bereit, religiöse Erfahrungen anderer Traditionen achtsam wahrzunehmen und für das eigene Leben und Glauben schöpferisch zu verarbeiten. Interreligiöses Lernen hat ganzheitliche, emotionale, kognitive, sprachliche und kreative Dimensionen."[5]

2.1 Ziele interreligiösen Lernens

Mit dem interreligiösen Lernen soll ein Beitrag zur Toleranz, zur Friedenserziehung, zur Begegnung, zum vergleichenden Austausch und zum Dialog zwischen den Mitgliedern der Religionsgemeinschaften geleistet werden.[6]

Im Einzelnen geht es darum, dass Kinder unterschiedliche religiöse Glaubensrichtungen und Zeugnisse wahrzunehmen lernen und dass sie dafür sensibilisiert werden. Durch das Einbeziehen aller Sinne wie Hören, Schmecken, Riechen und Sehen, kann das Interesse der Schülerinnen und Schüler für andere kulturelle und religiöse Bräuche, Sitten und Traditionen geweckt werden und sich weiter entwickeln. Zusätzlich geht es darum, religiöse Zeugnisse und Phänomene zu entdecken und zu deuten.[7] Das kann durch Vergleiche und wiederholte Wahrnehmungen geschehen, denn dadurch können Zusammenhänge erschlossen werden, die nicht von oberflächlicher Betrachtung erkennbar sind.

---

[3] Vgl. Schreiner, Peter: http://www.rpi-virtuell.net/workspace/users/3566/int/schrein/Interview_Schreiner.pdf [Abruf: 23.03.2011]
[4] Hilger, Georg [u.a.]: Religionsdidaktik S. 434
[5] Ebd.
[6] Ebd. S. 459 ff.
[7] Hilger, Georg: Religionsdidaktik S. 439

Interreligiöses Lernen im Religionsunterricht impliziert auch die Chance, dass man mit Mitgliedern unterschiedlicher Religionsgemeinschaften in direkten Kontakt treten kann. Diese Begegnungen können Eindrücke prägen als auch Vorurteile abbauen. Vieles kann selbstverständlich nur ansatzweise von den Lernenden verstanden werden. Doch es gilt damit umzugehen zu lernen. Es geht darum Religionen gerade auch in ihrer Andersartigkeit achten zu lernen. Das Erlernen von Beziehungen, die auch dann gelungene Beziehungen sein können, wenn an ihrem Ende nicht eine Übereinstimmung in allen Fragen steht, bildet einen weiteren Schwerpunkt. Daher darf bei der praktischen Umsetzung des interreligiösen Lernens die Frage nach der Wahrheit nicht unbeachtet bleiben. Die Auseinandersetzung mit der Wahrheitsfrage der eigenen Religion muss eine zentrale Angelegenheit sein, damit auch die Fähigkeit zum Perspektivwechsel geübt wird.[8] D.h. die Lernenden sollen die eigene Religion nicht nur aus der eigenen Perspektive, sondern auch aus fremder Sicht verstehen. Interreligiöses Lernen zielt darauf ab, die andere Religion mit den eigenen Augen, aber auch mit den Augen der anderen zu sehen. Im Zuge der Wissensvermittlung über andere Religionen und der Auseinandersetzung mit eben diesen, sollen Schülerinnen und Schüler sich selbst weiter entwickeln bzw. lernen sich selbst zu überprüfen und ihre Einstellungen neu zu durchdenken. Durch das Verarbeiten von Erfahrungen sollen die Lernenden ihr eigenes Verhalten überdenken und neue Formen des Verhaltens für sich neu entdecken.[9]

3. Religion in der Grundschule

Nach Artikel 7,3 ist der Religionsunterricht als ordentliches Lehrfach im Grundgesetz verankert. Dieser wird nach den Konfessionen getrennt erteilt. Beispielsweise gibt es aber auch in einigen Regionen griechisch - orthodoxen, als auch jüdischen Religionsunterricht.[10] Doch durch die faktische Existenz unterschiedlicher Religionen in Deutschland, stellt sich natürlich auch für die Religionslehrkraft die Frage, wie sie in einer religiös heterogenen Klasse Religion unterrichten soll. Die familiäre religiöse Sozialisation findet oft nur noch selten

---

[8] Tautz, Monika: Interreligiöses Lernen im Religionsunterricht. S.72 ff.
[9] Hilger, Georg: Religionsdidaktik S. 440
[10] Fischer, Dietlind S. 454

statt. Aufgrund der Tatsache, dass die Eltern teilweise selbst keine religiöse Sozialisation von zu Hause aus erfahren haben und sich dabei unter Umständen religiöse Tabuthemen entwickelt haben, wird wenig Wissen an die Kinder weiter gegeben. Kinder treffen aber schon früh auf eine Vielzahl von kulturellen und religiösen Einstellungen und somit wird das interreligiöse Lernen zunehmend zur Aufgabe der Schule und der Religionslehrkraft. Dabei darf auch die Aufgabe der Integration von Schülerinnen und Schülern in eine Lerngruppe nicht außer Acht gelassen werden. Die Schülerschaft der Klassen ist heutzutage oft von sehr unterschiedlichen Bedürfnissen und Interessen geprägt. Würde man die Lerngruppe frühzeitig strikt nach konfessioneller Zugehörigkeit bzw. nach unterschiedlichen Glauben trennen, wird die Aufgabe der sozialen Integration von Schule in den Hintergrund gedrängt.[11]

Kindern begegnen außerdem zunehmend religiöse Differenzen in ihrem Alltag. Vieles kann sich für die Kinder fremd anfühlen und Angst oder Vorurteile aufbauen. Daher brauchen sie Anleitung und Unterstützung zur Unterscheidung, dass das interreligiöse Lernen gewährleisten kann. Denn man kann nur zwischen Konfessionen und Religionen unterscheiden, wenn man beide bzw. mehrere kennt und sich mit diesen auseinandersetzt. Durch diese Auseinandersetzung erfahren die Lernenden die Gründe, warum Menschen sich aufgrund ihres Glaubens anders verhalten und damit kann vieles aufgeklärt werden. Das Leben und Lernen in religiös unterschiedlichen Gruppen erfordert Formen der Verständigung über Gemeinsamkeiten und Unterschiede. Daher muss eingeübt werden, dass sich Menschen und wie sich Menschen in ihrer religiösen Herkunft unterscheiden. Aus diesem Grund ist es auch notwendig, dass die Schule einen Ort bietet, der zur Auseinandersetzung mit unterschiedlichen religiösen Phänomenen, der eigenen Religion, als auch mit der Religion der anderen dient.[12]

3.1 Die Konzeptionen des Religionsunterrichts

Zu den unterschiedlichen Konzeptionen des Religionsunterrichts in Deutschland gehören zum einen der Religionsunterricht in Brandenburg und Berlin, der dort von den Kirchen verantwortet ist. Zum anderen gibt es den konfessionellen

---

[11] Fischer, Dietlind S. 455
[12] Ebd.

Religionsunterricht, der nach den Konfessionen getrennt erteilt wird. In Bremen ist er als „ Religionsunterricht auf allgemein christliche Grundlage" bekannt.

Dennoch wird eine konfessionelle Kooperation im Religionsunterricht angestrebt, wie z.B. die EKD formuliert.

„Das Leitmodell dieser Denkschrift verfolgt eine doppelte Bildungsaufgabe: Die Schülerinnen und Schüler sollen in der Schule die möglichen *Gemeinsamkeiten* zwischen Konfessionen, Religionen und Weltanschauungen im Spannungsfeld klar erkennbarer *Unterschiede* und Gegensätze kennenlernen."[13]

Seitens der katholischen Kirche wurde die Öffnung hin zu den Weltreligionen durch Nostra Aetate, der Erklärung des Zweiten Vatikanischen Konzils, ermöglicht.[14]

Mit Projekten in Baden – Württemberg und Niedersachsen wird der Religionsunterricht auch in konfessionell kooperativer Form erteilt. Es gibt z.B. gemeinsame Unterrichtsphasen in denen der ökumenische Aspekt deutlicher hervorgehoben wird. Dazu findet der Unterricht abwechselnd unter der Leitung entweder einer evangelischen Religionslehrkraft oder einer katholischen Lehrkraft statt. Dadurch, dass der Religionsunterricht in konfessioneller Kooperation stattfindet, „[wird der] RU thematisch deutlicher, positioneller und konfessionelle Unterschiede treten stärker hervor als bei konfessioneller Trennung."[15]

Jedoch bleibt hier die Frage im Hintergrund offen, ob der Versuch des konfessionell kooperativen Religionsunterrichts schon als Einstieg in das interreligiöse Lernen interpretiert werden kann. Friedrich Schweitzer ist der Meinung, dass der konfessionell kooperative Religionsunterricht unerlässlich für die Verwirklichung interreligiöser Lernprozesse in der Schule ist. Aufgrund dieser These beschreibt er Kriterien für das interreligiöse Lernen.

---

[13] Vgl. EKD: http://www.ekd.de/download/identitaet_und_verstaendigung_neu.pdf S. 73 [Abruf 23.03.2011]
[14] Hilger, Georg: Religionsdidaktik S. 435
[15] Fischer, Dietlind S. 456

Interreligiöses Lernen ist nach Schweitzer „als Beitrag zu Frieden, Toleranz und Verständigung zu entwickeln [und] es setzt ein allgemeines Wissen und Information über unterschiedliche Religionen voraus, das vor allem durch persönliche Begegnung und gemeinsames Lernen unterstützt werden soll."[16]

Dazu formuliert der Theologe, dass die Fähigkeit zum Perspektivwechsel ein zentrales Element interreligiösen Lernens sei, da man in der Lage sein sollte die andere Religion nicht nur aus der eigenen Perspektive zu sehen, sondern auch mit den Augen der anderen. Daher sollte sich interreligiöses Lernen an der gelebten und erlebbaren Religion im Alltag Lernenden anknüpfen. Dabei ist auf einen kindgemäßen Zugang zu achten.[17]

Diese Kriterien zeigen, dass es nicht mehr nur um ein rein einführendes Verstehen einer christlichen Konfession geht, sondern zugleich um den Umgang mit unterschiedlichen Religionen und deren Unterschied zu der christlichen Religion.

Im Niedersächsischen Kerncurriculum für Evangelische Religion für die Grundschule wird der Bezug zum interreligiösen Lernen ebenfalls festgehalten. Beispielsweise steht dort unter dem Abschnitt ‚Religiöse Bildung':

> „Durch den sachgemäßen Umgang mit christlicher Religion öffnet der Religionsunterricht zugleich den Blick für die christliche Prägung unserer Kultur. In der wertschätzenden Wahrnehmung unterschiedlicher Lebensorientierung und religiöser Differenz leistet er einen Beitrag zur Verständigungsaufgabe von Schule."[18]

Auch die inhaltsbezogenen Kompetenzen verweisen auf den interreligiösen Aspekt unter der Leitfrage: ‚Nach Religionen fragen'

> „Die Schülerinnen und Schüler leben und lernen mit Menschen aus unterschiedlichen Religionen. Ihre Erfahrungen mit Ausdrucksformen des Glaubens anderer Religionen sind regional verschieden. Ihnen begegnen Menschen, in deren Leben Religion wenig oder keine Bedeutung hat. Das Erleben dieser Vielfalt macht sie neugierig. Zu welcher Religion gehöre ich? Glauben alle Menschen an Gott? Woran glauben Muslime, woran glauben Juden? Warum gibt es verschiedene Religionen?"[19]

---

[16] aaO.
[17] aaO.
[18] Niedersächsisches Kerncurriculum für die Grundschule. Evangelische Religion S. 7
[19] Ebd S. 29

Die zu erwartenden Kompetenzen, die sich daraus ergeben sind in folgender Tabelle aufgelistet:[20]

1./2. Schuljahrgang	3./.4 Schuljahrgang
Die Schülerinnen und Schüler • wissen, dass Menschen verschiedenen Religionen angehören und dass es Menschen gibt, die keiner Religion angehören. • nehmen wahr, dass Menschen an verschiedenen Orten und auf unterschiedliche Weise ihren Glauben ausdrücken	Die Schülerinnen und Schüler • wissen, dass Menschen in unterschiedlichen Religionen und Weltanschauungen über die Welt, das Leben und Gott nachdenken, Fragen stellen und Antworten suchen. • kennen einige Merkmale der christlichen, jüdischen und der islamischen Glaubenspraxis und können Verbindendes und Trennendes benennen. • entwickeln Verständnis dafür, dass sich Menschen aus religiösen Gründen anders verhalten als sie selbst.

Anhand des Kerncurriculums lässt sich erkennen, dass es auch hier nicht mehr nur um ein einführendes Verstehen geht, sondern dass das Wissen über andere Religionen vor allem in dem dritten und vierten Schuljahrgang vertieft wird.

Konkretisiert wurde interreligiöses Lernen in dem Konzept des Hamburger Religionsunterrichts,[21] der auch weiter unter „Nominell evangelischer Religionsunterricht mit weiter interreligiöser Öffnung" bekannt ist. Nach dem Motto „Religionsunterricht für alle" verlangt dieser Religionsunterricht keine Bekenntnishomogenität. Dieser Religionsunterricht steht in evangelischer Verantwortung und ist interreligiös geöffnet und thematisch differenziert. Die Begegnung mit den Religionen der Kinder einer Klasse steht im Mittelpunkt. Die Kinder haben die Chance vielfältige religiöse Orientierungen und Traditionen aus unterschiedlichen Perspektiven wahrzunehmen. Interreligiöses Lernen gilt hier als Bestandteil der allgemein Bildung und daher ist es in diesem Religionsunterricht nicht nur ein ‚bloßes' Lernen über Religion.[22]

---

[20] Ebd.
[21] Fischer, Dietlind S. 458
[22] Ebd S. 458

4. Religionen im Religionsunterricht

Als Religionslehrkraft sollte man selbst beim interreligiösen Lernen die eigene Schülerschaft als auch die unterschiedlichen Religionen, die in einer Klasse vertreten sind, berücksichtigen. Lernen vollzieht sich immer unter dem Einbeziehen bereits gelernten Wissens, Erfahrungen und Eindrücken. Daher kann mit interreligiösem Lernen nicht abrupt angefangen werden, sondern es muss sich auf den vorher gelernten Inhalt beziehen und darauf Stück für Stück aufbauen. „Auf der anderen Seite muss den jeweiligen Religionen Gerechtigkeit verschafft werden."[23] Juden, Islam und der Buddhismus sind nicht in die gleiche Kategorie zu setzen. Der Ursprung des Christentums aus dem Judentum sollte den Schülerinnen und Schülern verdeutlicht werden. Daneben ist der Islam nicht mit dem Buddhismus auf eine Stufe zu setzen, da der Islam eine monotheistische Religion ist. Es ist daher notwendig trotz allem auch auf Verankerungspunkte, als auch auf Unterschiede hinzuweisen, damit jede Religion gerecht behandelt wird.[24]

4.1 Chancen und Grenzen der Umsetzung

Bildungsprozesse, die das interreligiöses Gut der Lernenden aufnehmen und verarbeiten, bilden sicherlich Chancen eines interreligiösen, sowie auch interkulturellen Lernens. Die Schülerinnen und Schüler lernen Gemeinsamkeiten und Unterschiede vielfältiger Weltanschauungen und gelebten Glaubens kennen. Dies kann dazu führen, dass Kinder einander besser verstehen und sich miteinander austauschen können, sodass sie Empathie für einander entwickeln und über ihr Verhaltensrepertoire nachdenken und es gegebenenfalls ausbauen. Über die Sinnhaftigkeit des interreligiösen Lernens lässt sich schnell Einigkeit erzielen. Dennoch, bleiben stets viele Fragen unbeantwortet wie z.B. in Bezug auf das Unterrichtsmaterial und die Methoden und Inhalte, „zumal gesicherte Studien zur Identitätsbildung und Entwicklung von Konfliktfähigkeit bei Kindern und Jugendlichen gerade in diesem Lernbereich (noch) nicht vorliegen."[25] Dadurch, dass Kinder im Alltag stets auf Differenzen untereinander treffen, kann dies dazu führen, dass durch das interreligiöse Lernen diese weiter hervorgehoben oder gar überbetont werden, sodass dadurch die Konflikte bzw. das Befremdliche nicht

---

[23] Ebd. S. 441
[24] aaO.
[25] Tautz, Monika: Interreligiöses Lernen im Religionsunterricht. S. 75

abgebaut, sondern eher verfestigt werden. Dies kann weiter zur Entfernung bzw. zu Vorurteilen zwischen den Schülerinnen und Schülern führen. Der bloße Kontakt mit Differenzen im Alltag und in der Schule muss nicht zwangsläufig zu den positiven Effekten interreligiösen Lernens führen, sondern die bestehenden Stereotypen verfestigen.[26] Dies ist sicherlich ein Faktor der bei der Umsetzung interreligiöser Lernprozesse beachtet werden sollte. Es scheint dennoch angebracht den Widerständen wie z.B. Ängsten, Vorurteilen oder Lustlosigkeit zu begegnen, indem diese bewusst und gezielt bei der Planung des Unterrichts mit bedacht werden.

5. Methoden des interreligiösen Lernens

5.1 Grundsätzliche Überlegungen

Methoden des Interreligiösen Lernens sind nicht nur von gesellschaftlicher bzw. pädagogischer, sondern auch von theologischer Bedeutung. Konkret heißt das, dass theologische Vorentscheidungen zum Verhältnis der verschiedenen Religionen zueinander im Vorfeld getroffen werden müssen, um grundlegende erste Schritte im weiteren Vorgehen zu sichern. Ein theologisches Bewusstsein ist hier mehr denn je von Nöten und sollte besonders von der Lehrperson im Vorfeld verinnerlicht werden.

In diesem Zusammenhang lassen sich drei theologische Grundpositionen näher bestimmen: Der Exklusivismus, der Inklusivismus und der Pluralismus. Im Exklusivismus wird davon ausgegangen, dass der eigene Glaube der einzig wahre sei. Andere Religionen werden zwar wahrgenommen, jedoch wird ihnen weder Wahrheit noch eine Heilsbedeutung zugesprochen. Der Inklusivismus öffnet sich anderen Religionen in gewissem Maße und erkennt diese an, wenn sie den eigenen Grundwahrheiten entsprechen. Es kann ein respektvolles Kennenlernen stattfinden. Anderen Religionen wird darüber hinaus Verständnis und Toleranz entgegen gebracht und man ist zum Dialog bereit. Der Pluralismus besagt, dass alle Religionen als gleichwertig angesehen werden und es wird eingeräumt, dass für unterschiedliche Menschen auch unterschiedliche Religionen eine Heilsbedeutung innehaben. Der Dialog findet zwischen gleichberechtigten

---

[26] Ebd.

Parteien statt und wird als sinnvoll für den eigenen Lernprozess und das eigene Positionieren angesehen.

Für unser Verständnis ist es darüber hinaus wichtig, authentische Begegnungen zu schaffen, in denen ein Differenzbewusstsein entwickelt werden kann und Verständnis und Offenheit vorherrscht. Ziel ist, „eine Kultur gegenseitigen Wahrnehmens, Achtens und Verstehens, kreativen Bemühens und Streitens um die Wahrheit, aber auch gegenseitigen Ertragens und Aushaltens der Verschiedenheiten"[27]. Um dieses Ziel zu erreichen wäre es sinnvoll über einen <Religionsunterricht für alle> nachzudenken, wie dies in Hamburg der Fall ist.

Darüber hinaus sollen die zu verwendeten Methoden sowohl das kognitive Lernen, als auch das personale, emotionale und das praktische Lernen anregen. Dabei lassen sie sich in Methoden unterscheiden, „die auf die Strukturierung und Organisation des Unterrichts abheben, und solche, die ein verständigungsorientiertes Beziehungs- und Kommunikationsgeschehen im Unterricht und ein ganzheitliches, erfahrungsorientiertes sowie selbstbestimmtes Lernen ermöglichen"[28]. Fernen tragen sie ebenfalls „zur Optimierung von Lernprozessen"[29] bei und stellen Beziehungen zwischen den beteiligten Subjekten her.

Methoden sollen außerdem helfen, ein bestimmtes Ziel zu erreichen. Um den richtigen Weg zu bestimmten, sollte das Ziel vorher bekannt sein, um zu gewährleisten, dass dieses auch erreicht wird. Wird es erreicht, bedeutet das gleichzeitig auch, dass die richtige Methode gewählt worden ist.

5.2 Zielsetzung

Um das Ziel richtig bestimmen zu können, ist es wichtig, sich an dieser Stelle noch einmal kurz der Zielsetzung Interreligiösen Lernens zu widmen und diese in Zusammenhang mit dem Gebrauch von Methoden näher zu definieren. Methoden des Interreligiösen Lernens sollen den Unterricht strukturieren und ihn organisieren, d.h. ihm einen strukturellen Rahmen geben. Außerdem soll eine verständigungsorientierte Beziehungs- und Kommunikationsebene erschlossen werden, in der ganzheitliches, erfahrungsorientiertes und selbstbestimmtes Lernen

---

[27] aaO., S. 557.
[28] Schlüter, Richard, Methoden des Interreligiösen Lernens, S. 556.
[29] Ebd.

ermöglicht wird. Die SuS sollen eine Pluralitätsfähigkeit entwickeln, indem sie andere Religionen nicht als Bedrohung, sondern als Chance für die eigene Horizonterweiterung ansehen.

5.3 Methodische Merkmale

Gerade in der Thematisierung von Weltreligionen hat in den vergangenen Jahren eine Umstrukturierung stattgefunden. Wurden Weltreligionen früher eher in der Oberstufe behandelt, ist das Thema heute teilweise bis in die Grundschule vorgedrungen. Dabei wird sich heute zum Ziel gesetzt, dass das Thema nicht nur kognitiv eingegrenzt, sondern auch emotional und praktisch anhand von authentischen Begegnungen erfahren wird. Andere Religionen werden in ihrer Ganzheitlichkeit betrachtet und sich mit ihrem Kontext auseinander gesetzt. Diese Ziele lassen sich besonders in offenen Interaktionsformen, sowie sprach- und bildorientiertem Unterricht, als auch auf spielerische oder meditative Art und Weise verwirklichen.

Von der Zielsetzung ausgehend akzentuieren sich folgende Methoden:

- *Interreligiöses Lernen im Klassenverband*
  d.h., dass sich alle Schüler unabhängig von ihrer Konfessions- und Religionszugehörigkeit am Unterricht beteiligen und das dieser von mehreren Lehrerinnen und Lehrern gemeinsam koordiniert wird

- *Interreligiöses Lernen im fächerübergreifenden Projektunterricht mit mehreren Wahlmöglichkeiten*
  d.h., dass einzelne Schüler Spezialthemen über eine bestimmte Religion bearbeiten, die dann am Ende als gemeinsames Ergebnis präsentiert werden (beispielsweise in einer Ausstellung)

- *Interreligiöses Lernen im Wechsel von Klassen- und Gruppenunterricht*
  d.h., dass sich Gruppen nach Neigung, nicht nach Religionszugehörigkeit zusammen tun und nach eigenem Tempo und eigener Zielsetzung ein Thema erarbeiten, das im Anschluss im Plenum zur Diskussion gestellt wird

- *Interreligiöses Lernen durch Expertengespräche*

  d.h., dass sich ein Experte einer Religion in die Schule eingeladen wird, sodass authentische Begegnungen stattfinden können

- *Interreligiöses Lernen durch Unternehmungen mit religiöser Dimension*

  Beispielsweise durch den Besuch einer Moschee, einer Kirche oder aber einer Synagoge[30]

All diese unterschiedlichen Methoden fördern die eigene Beziehungsfähigkeit, denn Interreligiöses Lernen sollte nicht nur ein Inhalts-, sondern vor allen Dingen auch ein Beziehungslernen sein. Deshalb eignen sich auch eher offene Lernformen, wie Freiarbeit oder Stationslernen, welche gemeinsames aber auch selbstbestimmtes Lernen ermöglichen. Alle Methoden sollten darüber hinaus Möglichkeiten zur Anteilnahme schaffen, sowie Glaubens- und Lebenserfahrungen herstellen und die Möglichkeit offen lassen, sich von einer anderen Religion inspirieren und motivieren zu lassen.[31]

6. Feste- Brücken zu den Religionen

Die Thematisierung von Festen im Religionsunterricht hat sich als eine gängige und vor allen Dingen gute Methode im Bereich des Interreligiösen Lernens herausgestellt. Feste sind nicht nur theologisch von großer Bedeutung, sondern auch soziologisch, denn sie strukturieren unseren Lebensrhythmus und lassen uns miteinander sozial interagieren. Ferner reichen sie bis in gesellschaftliche Machtbereiche hinein, wie man an der Diskussion über gesetzliche Feiertage sehen kann. Gerade dort wo Feste öffentlich gefeiert werden, wird Anspruch auf Geltung und gesellschaftliche Mitgestaltung erhoben. Feste sind oftmals das Aushängeschild einer Religion und bündeln nicht zuletzt den Glaubensgehalt einer Religion. Sie können als Kanon Interreligiösen Lernens bezeichnet werden, da sie in ihren Eigenschaften mehrere wichtige und für den Unterricht unbedingt zu nutzende Vorteile in sich bergen. So eignet sich beispielsweise die Thematisierung von Festen im projektmäßigen Unterricht, da sie nicht nur personenbezogen, sondern vor allen Dingen erlebnisorientiert stattfinden können.

---

[30] Vgl. aaO., S.561.
[31] Vgl. aaO., S. 556ff.

Darüber hinaus beinhalten sie intensive Gefühle und Überzeugungen von Menschen, die sich nicht selten auch in Ästhetik und Körperkraft ausdrücken. Auch Glaubensinhalte werden hier zusammengefasst und es bietet sich die Möglichkeit einer Annäherung an andere bzw. fremde Religionen.[32]

6.1 Feste in der Schule

Es gibt drei verschiedene Kategorien von Festen, die in der Schule thematisiert werden können. Zum einen sind das die Feste der Völker, wie zum Beispiel multikulturelle Stadtteilfeste oder Europafeste, in denen es vor allen Dingen um die „Internationalität"[33] geht und zum anderen die so genannten Feste der Kulturen, bei denen vornehmlich der inhaltliche Aspekt betont wird und dessen Rahmen deutlich kleiner ist. Es wird beispielsweise nur eine Musikrichtung als Ausschnitt einer bestimmten Kultur hervorgehoben. Im Kontext des Religionsunterrichts soll es um Feste der Religionen gehen, welche den Fokus auf Feste mit einer spirituellen Bedeutung bzw. mit theologischem Gehalt legen. Selbstverständlich spielen auch kulturelle Elemente weiterhin eine Rolle, jedoch nicht die tragende.[34]

6.1.1 Didaktische Prinzipien und Gestaltungsmöglichkeiten

Nicht selten stellen Feste auch für SuS Höhepunkte des Lebens dar und diese sollten auch in der Schule ihre Beachtung finden. Umso wichtiger ist es, gerade die Feste zu thematisieren, denen die SuS selbst angehören. Kinder haben das Bedürfnis, sich selbst in den Unterricht aktiv mit einzubringen und von ihren eigenen Erfahrungen und Erlebnissen zu erzählen- auch im Hinblick auf Feste der eigenen Religion. Es sollte darauf geachtet werden, dass die Aussagen der Kinder nicht bewertet oder in Frage gestellt werden, denn Feste werden in den unterschiedlichen Ländern und Familien durchaus mit verschiedenen Ausprägungen gefeiert. Hier zeigt sich auch die „Vielfalt der Religionen und Weltanschauungen"[35]. Ferner sollten Unterschiede bewusst stehen bleiben, denn es geht nicht immer darum, eine gemeinsame Ebene zu finden, sondern Offenheit für Unterschiedlichkeit zu fördern und Verständnis zu schaffen.

---

[32] Vgl. Sieg, Ursula, Feste-Brücken zu den Religionen, S. 601f.
[33] aaO., S. 609.
[34] Vgl. aaO., S. 608f.
[35] aaO., S. 612.

Didaktisch sollte Unterrichtsmaterial zu dem Thema Feste immer Möglichkeiten „für Erweiterungen, Erfahrungsaustausch und ausstehende Klärungen offen"[36] halten und diese anregen. Zu beachten ist jedoch, dass sich womöglich eine Vielzahl von Festen zur Verfügung stellt, aufgrund der vorherrschenden Multireligiösität in den Klassen. Hier ist es Aufgabe der Lehrperson eine sinnvolle Auswahl zu treffen und beispielsweise nur die bekanntesten Feste zu thematisieren.

Zudem muss beachtet werden, dass kaum noch jüdische SuS in den Klassen zu finden sind, dennoch sollten jüdische Feste Teil des Religionsunterrichts sein. Nicht zuletzt weil sich das Christentum, als auch der Islam auf dem Judentum aufbauen und sich darauf beziehen und weil das Judentum eine Vielzahl von Festen bietet, mithilfe derer das Judentum in seinen Ansätzen erlebt und kennen gelernt werden kann. Der Holocaust sollte keinesfalls die erste und einzige Begegnung mit dem Judentum sein. Ferner können jüdische Feste eine positive und unkomplizierte Begegnung für Kinder darstellen.

Feste können auch die Gemeinschaft innerhalb der Klasse stärken, deshalb sollte daran gedacht werden, dass jedes Fest immer ein Fest der ganzen Klasse sein sollte. Auch wenn es Vertreter oder Experten gibt, die der jeweiligen Religion angehören, ist es wichtig, dass niemand ausgegrenzt wird, gerade in Bezug auf Kinder, die eventuell ohne Religionszugehörigkeit sind. Diese sollten sich in keinem Fall ausgeschlossen oder benachteiligt fühlen. Auch ist darauf zu achten, dass das Wahrnehmen der jeweiligen Unterschiede auch zu Zuschreibungen einer gewissen Fremdheit führen könnte. Hier ist es Aufgabe der Lehrperson sich dementsprechend vorzubereiten und solche Risiken in die Unterrichtsplanung mit auf zu nehmen. Teilweise haben Schüler, die einer Religion angehören selbst nur sehr wenig Wissen über die eigene Religion und deren Feste. Hier kann der Religionsunterricht Klarheit schaffen und informieren. Er bietet Möglichkeiten auch die eigene Religion besser und intensiver kennen zu lernen und sie in einem ganz anderen Rahmen, gemeinsam mit anderen zu erleben.[37]

---

[36] Ebd.
[37] Vgl. aaO., 601ff.

16

7. Fazit

Zusammenfassend kann festgehalten werden, dass Interreligiöses Lernen mehr denn je in der Schule und vor allen Dingen im Religionsunterricht von Nöten ist. Damit Kinder und Jugendliche sich in einer Welt voller Unterschiede und verschiedenen Lebensweisen zurecht finden können, sollten sie bereits früh erlernen, wie man anderen Kulturen und in unserem Kontext anderen Religionen gegenüber tritt, sie kennen lernt, sie erfährt und sie versteht. Interreligiöses Lernen bietet Chancen und Möglichkeiten ein Toleranzbewusstsein im Kind zu entwickeln, mithilfe dessen ein lebenswerter Ort für alle, egal welcher Religion sie angehören, geschaffen werden kann. Indem authentische Begegnungen hergestellt werden, die Wahrnehmung der Schüler sensibilisiert wird und sie in Kontakt zu anderen Religionen treten, wird das Bewusstsein der Schüler für Unterschiedlichkeit geöffnet und die Bereitschaft gefördert sich mit anderen Religionen auseinander zu setzten. Somit leistet Interreligiöses Lernen nicht nur einen Beitrag zur Integration, sondern vermittelt Wissen, das in der heutigen Welt nahezu unerlässlich ist.

Besonders im Alltag werden Kinder schon früh mit religiösen Differenzen konfrontiert, die sie oftmals weder verstehen noch nachvollziehen können. Deshalb ist es umso wichtiger, dass der Religionsunterricht bereits in der Grundschule einen aktiven Beitrag zur Orientierung im multireligiösen Alltag der Kinder leistet. Schüler sollen lernen Fragen über andere Religionen zu stellen und über sie nachzudenken, aber auch deren Merkmale kennenzulernen und ein Verständnis, sowie Offenheit ihnen gegenüber zu entwickeln. All dies kann bestmöglich darin resultieren, dass Kinder sich gegenseitig besser verstehen und ihre Unterschiede nachvollziehen können. Der Religionsunterricht hat die Möglichkeit, diese Ziele zu erreichen, indem er authentische Begegnungen schafft und eine Beziehungs- und Kommunikationsebene herstellt, auf der Erfahrungen ausgetauscht und Wissen vermittelt werden kann - sicherlich keine leichte Aufgabe! Dennoch sprechen die Vorteile Interreligiösen Lernens eindeutig für eine solche Umsetzung, da die Schüler langfristig von einem in der Grundschule erlernten Toleranzbewusstsein profitieren und dieses ihnen über die Schule hinaus ein durch Verständnis und Offenheit geprägtes Miteinander ermöglicht.

Literaturverzeichnis

BECKER, GEROLD [u.a.]: Identität und Verständigung. Standort und Perspektiven des Religionsunterrichts in der Pluralität. Eine Denkschrift der Evangelischen Kirche in Deutschland, Gütersloher Vertragshaus, Gütersloh, 2004 im WWW unter URL: http://www.ekd.de/download/identitaet_und_verstaendigung_neu.pdf

BORN, JULIA; Schneider, Peter, Interreligiöses Lernen: Vielfalt der Religionen als Teil von Gottes Schöpfung wahrnehmen – Brücken bauen durch Begegnung, 2005: Die Religionspädagogische Plattform im Internet: im WWW unter URL http://www.rpi-virtuell.net/workspace/users/3566/int/schrein/Interview_Schreiner.pdf

FISCHER, DIETLIND, Interreligiöses Lernen in der Grundschule, in: Schreiner/ Sieg/ Elsenbast (HG.): Handbuch Interreligiöses Lernen, Gütersloher Verlag, Gütersloh 2005, 453ff.

HILGER, GEORG [u.a.], Religionsdidaktik. Ein Leitfaden für Studium, Ausbildung und Beruf. Kösel, München 2008

KISS, ANTJA, Bundesamt für Migration und Flüchtlinge: Ausländerzahlen 2009. 31.12.2009 im WWW unter URL: http://www.bamf.de/SharedDocs/Anlagen/DE/Downloads/Infothek/Statistik/statistik-anlage-teil-2-auslaendezahlen.pdf?__blob=publicationFile

SCHLÜTER, RICHARD, Methoden interreligiösen Lernens, in: Schreiner/ Sieg/ Elsenbast (HG.): Handbuch Interreligiöses Lernen, Gütersloher Verlag, Gütersloh 2005, 556ff.

SIEG, URSULA, Feste - Brücken zu den Religionen, in Schreiner/ Sieg/ Elsenbast (HG.): Handbuch Interreligiöses Lernen, Gütersloher Verlag, Gütersloh 2005, 601ff

Religionswissenschaftlicher Medien - und Informationsdienst e.V. Marburg, 24.11.2010, im WWW unter URL: http://www.remid.de/remid_info_zahlen.htm

TAUTZ, MONIKA, Interreligiöses Lernen im Religionsunterricht. Menschen und Ethos im Islam und Christentum, Kohlhammer, Stuttgart 2004

Unterrichtsmaterial

http://irp.erzbistum-freiburg.de/fileadmin/gemeinsam/Realschule/Download/Die_Juden_-_Unsere_Geschwister_im_Glauben_01.pdf

http://lernarchiv.bildung.hessen.de/sek_i/ethik/themen/weltreligionen/judentum/edu_1195046883.html

Von Stein, Gunther: Bausteine Religion. Grundschule, Bermoser und Höller, Aachen 2004 S. 4/5 – 12/13.